Schmuck-alphabete

Für meine wunderbaren Eltern,
die mir soviel gaben,
als sie selbst so wenig hatten.

PATRICIA CARTER

Schmuck-alphabete

EDITION
MICHAEL FISCHER

Titel der Originalausgabe: „Illuminated Alphabets“,
erschienen bei Search Press Limited, England.

Aus dem Englischen übertragen von Christa L. Cordes

Kalligraphie: Anton Dressler/Verlagsservice Henninger GmbH

2. Auflage 1997.

Herstellung und Satz:
Verlagsservice Henninger GmbH, Würzburg

ISBN 3-924433-76-3

Inhalt

Einführung

Der Schmuckbuchstabe war seit frühester Zeit ein wich[illegible]estandteil handschriftlicher Texte. In diesem Buch zeige ich Ihnen, [illegible] Ihr eigenes Alphabet entwerfen und ausschmücken können. Dab[illegible] ich nicht die Absicht, Sie die Kunst der Kalligraphie zu lehren, denn [illegible]sem Thema sind zahlreiche hervorragende Lehrbücher im Handel. [illegible]nde mich vielmehr an jene unter Ihnen, die bereits einige Kenntnis[illegible]r Kalligraphie besitzen und die ein wenig Farbe in Form illumin[illegible]roßbuchstaben in ihre Arbeit aufnehmen möchten. Dieses Buch ist eine Ergänzung zu meinem ersten Werk: „Schmuckkalligraphie", in dem ich zeige, wie man Bordüren entwirft, um den handgeschriebenen Text hervorzuheben.

Illumination ist der Fachbegriff für die Ausschmückung von Buchstaben und Texten mit Gold und Farben. Einige der schönsten illuminierten Manuskripte aller Zeiten entstanden im Mittelalter. Sie wurden von Mönchen in den Schreibstuben der Klöster angefertigt. Normalerweise ging das Manuskript durch mehrere Hände, da das Schreiben und Ausschmücken getrennt erfolgte und unterschiedlichen Fachkräften anvertraut wurde. Nach heutigen Maßstäben gemessen, waren die Arbeitsbedingungen der Schreiber und Zeichner primitiv. Stundenlang plagten sie sich bei Kerzenlicht in ungeheizten Räumen und verwendeten handgefertigte Federkiele oder Rohrfedern. Sie schrieben auf Tierhäute und stellten ihre Farben aus natürlichen Pigmenten her, die zu Pulver gemahlen und vor Beginn der Arbeit mit einem Bindemittel gemischt werden mußten. Trotzdem waren die Arbeiten, die sie herstellten, geradezu Ehrfurcht einflößend. Zahlreiche mittelalterliche Schriften haben dem Zahn der Zeit widerstanden und können noch heute in Museen, Büchereien und Universitäten in aller Welt besichtigt werden. Es lohnt sich, einige dieser Werke anzuschauen, um deren Schönheit und Detailarbeit aus erster Hand zu erkennen.

Mit dem Auftauchen des Buchdrucks im fünfzehnten Jahrhundert ging die Bedeutung der Schreiber zurück. Erst während der Regentschaft von Königin Victoria interessierte man sich erneut für handschriftliche Texte und Illuminationen. Durch die Werke von William Morris (1834-96) und später von Edward Johnston (1872-1944) lebten die Künste des Mittelalters wieder auf.

Heutzutage finden Schmuckbuchstaben eine breite Verwendung, angefangen von traditionellen Arbeiten wie Urkunden und Denkschriften bis zu so kurzlebigen Dingen wie Geburtstagskarten und Einladungen. Sie beschränken sich nicht auf die Illuminierung von Schönschrifttexten, sondern werden häufig abgewandelt und ebenfalls für handwerkliche Künste wie die Töpferei, den Holzstich und die Stickerei eingesetzt.

In diesem Buch finden Sie eine Auswahl von Alphabeten, die von einfachen bis zu komplizierten Buchstaben reichen und sich für die unterschiedlichsten Gelegenheiten eignen. Ich hoffe, meine Vorschläge gefallen Ihnen und regen Sie an, eigene Entwürfe anzufertigen und die Kunst der Schmuckbuchstaben eingehender zu erforschen.

A B C D
E F G H
I J K L
M N O P
Q R S T
U V W X
Y Z

Werkzeug und Material

Heutzutage gibt es ein verwirrendes Angebot von Werkzeugen und Material, aus dem man das Passende wählen muß. Allerdings sollte man nicht gleich zu Beginn ein breites Sortiment kaufen, denn zum Ausschmücken von Großbuchstaben benötigt man grundsätzlich nur wenige preiswerte Dinge. Ich schlage vor, daß Sie sich zunächst die Grundausstattung besorgen und sich dabei an die Hinweise in diesem Kapitel halten. Anschließend, nachdem Sie mehr Erfahrung besitzen und sich über Ihre Präferenzen klar geworden sind, weiten Sie Ihre Ausrüstung dann nach und nach aus. Eines ist wichtig: Kaufen Sie das beste Gerät, das Sie sich leisten können, denn je höher die Qualität, desto länger hält das Material normalerweise. Die meisten Ausgaben werden Ihnen vermutlich durch die Ergänzung von Papier, Farben und Goldblättern entstehen.

Haltung bei der Arbeit und Unterlage

Eine geeignete Unterlage und eine bequeme Haltung beim Arbeiten sind für die Kalligraphie und die Illumination unerläßlich. Man kann durchaus auf einer horizontalen Fläche arbeiten. Weniger ermüdend ist jedoch eine schräge Ebene. Viele Künstler halten einen Winkel von fünfundvierzig Grad für ideal. Vielleicht stellen Sie fest, daß Ihnen eine größere oder kleinere Neigung lieber ist. Experimentieren Sie also, bis Sie jenen Winkel gefunden haben, der für Sie am besten geeignet ist. Wichtig ist auch ein bequemer Stuhl mit der richtigen Höhe, denn er verhindert, daß Sie Rückenschmerzen bekommen.

Für die meisten Projekte benötigt man keine große Arbeitsfläche. Eine mittelgroße feste Sperrholzplatte bildet ein ausgezeichnetes Zeichenbrett zum Schmücken von Büchern und kleinen, einseitig beschriebenen Blättern. Dieses kann man schräg stellen, indem man es an einen Bücherstapel lehnt. Arbeiten Sie an einer sehr großen Zeichnung, benötigen Sie natürlich ein größeres Brett. Ganz gleich, für welche Größe Sie sich entscheiden: Sorgen Sie dafür, daß das Brett sicher auf dem Tisch liegt. Ein einmaliges Verrutschen könnte die Arbeit von Stunden verderben.

Vielleicht möchten Sie sich in einem Künstlerbedarfsgeschäft eine kleine Tischstaffelei besorgen. Es sind eine ganze Reihe von Modellen im Handel, die sich fast immer in die gewünschte Neigung bringen lassen. Manche besitzen außerdem parallele Stäbe, die beim Linieren gute Dienste leisten.

Es ist ratsam, eine Schicht aus drei oder vier Löschblättern unter die Arbeit zu legen. Dadurch erhalten Sie eine elastische Arbeitsfläche. Ein Extrablatt unter Ihrer Arbeitshand verhindert Fett- und Schmutzspuren.

Papier, Velin und Pergament

Papier: Es gibt ein gewaltiges Angebot von grobem bis feinem Papier, das sich für alle Techniken eignet. Handgeschöpftes Papier ist für wichtige Arbeiten am besten geeignet, obwohl es ziemlich teuer und manchmal schwer erhältlich ist. Dem Anfänger rate ich daher, mit gutem glattgestrichenem Zeichenpapier zu beginnen. Ich selbst habe für alle Alphabete dieses Buches säurefreies 150g/m^2 Kartonpapier verwendet. Häufig arbeite ich auf Aquarellpapier oder, falls ich meine Arbeit rahmen möchte, auf Aquarellkarton. Dieser Malkarton braucht nicht aufgezogen werden und läßt sich leicht rahmen. Zum Skizzieren meiner Muster und Alphabete verwende ich große Mengen preiswertes Offsetpapier. Pauspapier benötige ich zum Übertragen meiner Zeichnungen auf das endgültige Papier oder auf Velin.

Velin: Es ist teurer als Papier, wird aber traditionell von Kalligraphen und Illustratoren verwendet. Velin wird aus Kalbs-, Schafs- oder Ziegenhaut hergestellt. Bei besonderen Gelegenheiten lohnt sich die Extraausgabe sehr.

Pergament: Auch heute kann man noch Pergament kaufen. Es wird aus der Innenschicht der Schafshaut hergestellt und ist wesentlich empfindlicher als Velin, allerdings auch billiger. Außerdem gibt es Pergamentimitationen, die noch preiswerter sind. Gelegentlich arbeite ich auf Pergament. Allerdings lassen sich Fehler nur schwer von der glatten Fläche entfernen.

Bleistifte, Zeichenfedern und Pinsel

Bleistifte: Sie sind in unterschiedlichen Gradationen erhältlich. Die H–Reihe besteht aus den harten, die B-Reihe aus den weichen Minen. Je höher die Ziffer bei der Gradation H, desto härter ist die Mine und desto heller malt sie. Bei der B-Reihe ist der Stift mit der höchsten Ziffer am weichsten und zeichnet das tiefste Schwarz. Der Allzweckstift HB, der mittelgrau malt, liegt dazwischen. Ferner gibt es einen Stift mit Gradation F. Er schmiert nicht so stark wie die B-Reihe, ist aber dunkler als der HB. Ich selbst nehme zum Skizzieren und Entwerfen stets harte Bleistifte und sorge dafür, daß sie immer gut gespitzt sind. Zum Zeichnen von Buchstaben und Mustern verwende ich den 2H und 2B, bei der Arbeit auf Velin ebenfalls den 2B. Nehmen Sie keine weicheren Stifte als den 2B für Velin, denn die Mine schmiert leicht, und die Verschmutzungen lassen sich äußerst schwer entfernen, ohne die zarte Oberfläche des Materials zu beschädigen.

Zeichenfedern: Federkiele, Rohrfedern und Bandzugfedern eignen sich recht gut für künstlerische Arbeiten mit Großbuchstaben. Ich schlage vor, daß Sie mit einer so großen Auswahl von Federn wie möglich experimentieren, sobald Sie die in diesem Buch beschriebenen Grundtechniken beherrschen. Für sehr zarte, detaillierte Arbeiten benutze ich häufig eine feine technische Zeichenfeder bester Qualität sowie eine feine normale Zeichenfeder.

Pinsel: Zum Illuminieren von Initialen benötigt man gute Qualitätspinsel. Ich kann Ihnen nur raten, für ein kleines Sortiment soviel Geld wie möglich auszugeben. Ich halte Rotmarderpinsel am besten für meine Arbeiten geeignet. Sie sind zwar teuer, halten bei sorgfältiger Pflege jedoch jahrelang. Für die Alphabete in diesem Buch habe ich die Größen 000 bis 4 benutzt. Dieses Sortiment eignet sich ideal für detaillierte Arbeiten, kann aber auch zum Ausmalen der Großbuchstaben verwendet werden.

Preiswerte Rindshaar- und Fehpinsel lassen sich ebenfalls verwenden, halten aber nicht so lange wie Rotmarderpinsel und verlieren schneller ihre Spitze. Erhältlich sind darüber hinaus Kunstfaserpinsel aus Nylon oder Polyester. Sie sind kräftig und billig. Meiner Ansicht nach bilden Sie jedoch keine sehr gute Spitze und halten die Farbe nicht so gut wie der Rotmarderpinsel.

Waschen Sie die Pinsel stets sorgfältig aus, und stellen Sie die Spitze nach Gebrauch wieder her. Fertigen Sie zum Schutz der Spitze kleine Papierrollen an. Ziehen Sie die Rolle über den Haarkörper, und sichern Sie sie mit Klebestreifen.

Tinten und Farben

Tinten: Meiner Ansicht nach liefern farbige Tinten kein besonders befriedigendes Ergebnis beim Illuminieren. Manche Farben sind zwar leuchtkräftig, doch sie verblassen rasch. Außerdem habe ich festgestellt, daß einige Tinten leicht auslaufen. Zum Ziehen feiner Linien verwende ich allerdings Chinatusche.

Farben: Die Wahl der Farben ist eine Frage des persönlichen Geschmacks. Erst mit zunehmender Praxis werden Sie feststellen, welche Ihnen am meisten zusagen. Für sehr feine, detaillierte Arbeiten verwende ich Aquarellfarben. Meiner Ansicht nach sind sie besonders zum Ausschmücken der Initialen geeignet. Hinsichtlich ihrer Qualität sind Künstlerfarben den Studienfarben weit überlegen, und sie halten auch besser. Sie sind in Näpfen, in Tablettform und in Tuben erhältlich. Die beiden ersten Sorten müssen mit dem Pinsel angefeuchtet werden. Mit Tubenfarben arbeitet es sich bequemer. Sie lassen sich leicht mischen. Allerdings besitzen sie einen Nachteil: Die Farben trocknen auf der Palette leicht aus, was Verschwendung nach sich ziehen kann. Denken Sie immer daran, daß Aquarellfarben beim Trocknen heller werden.

Gouache eignet sich ideal zum Ausmalen von Initialen. Wird sie relativ schnell aufgetragen, ist der Pinselstrich anders als bei der Aquarellfarbe nicht zu sehen. Sie hat ferner den Vorteil, undurchsichtig zu sein, so daß sich Fehler mühelos übermalen lassen. Wie Aquarellfarbe ist die Gouache in Tuben, in Tablettform und in Gläsern erhältlich. Die Tablettfarben müssen vor Gebrauch mit einem angefeuchteten Pinsel gelöst werden, während die Farben in Tuben und Gläsern gebrauchsfertig sind. Allerdings ist mir die reine Tubenfarbe häufig zu dick, so daß ich sie normalerweise ebenfalls verdünne. Aufpassen muß man beim Mischen, da manche Farben dabei an Brillanz verlieren und stumpf werden.

Manchmal benutze ich auch Acrylfarben, obwohl sie mir für zarte Arbeiten etwas zu schwer sind. Sie trocknen sehr schnell und dunkeln wie Gouache beim Trocknen nach. Sie können mit Wasser verdünnt oder direkt aus der Tube aufgetragen werden. Auch gebrauchsfertiges Farbpulver kann man verwenden. Die Farben sind rein und stark und ähneln meistens jenen Pigmenten, die für mittelalterliche Manuskripte benutzt wurden. Sie sind jedoch teuer und müssen mit einem Bindemittel wie Gummiarabikum oder Ei gebunden werden, damit sie auf dem Malgrund haften. Anfängern möchte ich nicht dazu raten, da die Farben ziemlich mühsam herzustellen sind.

Weiteres Material

Radierer: Zum Entfernen von Bleistiftstrichen verwende ich ausschließlich weiße Radierer. Farbiges Gummi kann das Papier verfärben, deshalb sollte man es meiden. Beim Entfernen von Bleistiftstrichen von Velin ist besondere Sorgfalt erforderlich, da die empfindliche Oberfläche durch festes Reiben verschmutzen oder verschmieren kann. Verwenden Sie zum Entfernen unerwünschter Linien in diesem Fall einen harten Radiergummi oder einen knetbaren Plastikradierer.

Messer: Fehler mit Tinte können mit einem scharfen Messer mit guter Qualitätsklinge ausgekratzt werden, vorausgesetzt, die Tinte ist völlig trocken. Ein scharfes Messer benötigt man ferner zum Spitzen der Bleistifte.

Geometrische Instrumente: Zum Linieren benötigt man ein Lineal mit Zentimetereinteilung. Ferner greife ich häufig zu Winkeldreieck, Reißschiene, Zirkel und Schablonen. Gute Künstlerbedarfsgeschäfte bieten ganze Sätze von Schablonen mit Kreisen und Bögen an. Diese können sich beim Zeichnen von Alphabeten als sehr nützlich erweisen. Für Kreise stelle ich lieber Schablonen mit dem Zirkel auf einem Extrablatt her. Dadurch verhindere ich, daß die Zirkelspitze das Papier oder das Velin beschädigt. Die Alternative dafür wäre eine Positivschablone.

Paletten: Eine Palette benötigt man zum Mischen der Farben, obwohl dies auch auf einer weißen Untertasse oder in kleinen Gläsern geschehen kann. Mischen Sie die Farben nicht auf farbigem Untergrund. Dieser könnte durch eine transparente Farbe scheinen und die Mischung beeinflussen.

Reinigungsmaterial: Legen Sie zahlreiche alte Lappen und weißes Haushaltspapier bereit, um das Material nach Gebrauch reinigen zu können.

Material zum Vergolden: Zum Auftragen von Blattgold benötigt man eine spezielle Ausrüstung. Dieses wird im Kapitel über die Technik des Vergoldens auf den Seiten 14 und 15 beschrieben.

Farben

Die Farbe spielt beim Ausschmücken von Initialen eine wesentliche Rolle. Wenn Sie das nächste Mal einen Regenbogen entdecken, betrachten Sie bitte eingehend seine schönen, kristallklaren, perfekt harmonierenden Farben. Sie können auch ein Kristallprisma in die Sonne halten und beobachten, wie die Strahlen von den Facetten eingefangen und in funkelnde reine Farben zerlegt werden. So sollten Ihre illuminierten Initialen aussehen, nachdem Sie sie gemalt haben.

Natürlich braucht man einige Übung, bis man in der Lage ist, absolut harmonische Farben zu wählen. Manchen Anfänger verwirrt das gewaltige Sortiment, das im Handel erhältlich ist, und die Entscheidung, welche Farben zusammmenpassen, fällt ihm schwer. Hilfreich ist ein Blick auf die Manuskripte des Mittelalters und die Arbeiten moderner Kalligraphen, um festzustellen, wie sie die Farbe in ihrer Arbeit einsetzten. Die beste Möglichkeit, ein praktisches Verständnis für die Farben und deren Anwendung zu erhalten, besteht meiner Ansicht nach im Experimentieren mit eigenen Arbeiten.

Probieren Sie die Farben, die Sie für Ihren Initial und dessen Umgebung wählen möchten, immer vorab aus. Legen Sie sie nebeneinander auf ein Extrablatt, und experimentieren Sie mit unterschiedlichen Reihenfolgen, bis Sie sicher sein können, daß die Nuancen gut harmonieren. Darüber hinaus erhalten Sie auf diese Weise eine wertvolle Quelle der Inspiration für künftige Projekte, vor allem, wenn Sie sich notieren, um welche Farben es sich handelt.

Bei der Aufteilung der Farben sollten Sie sich Zeit lassen und die gesamte Seite vorplanen. Manchmal bildet ein Vers oder ein Zitat den Mittelpunkt und suggeriert bereits die zu verwendenden Farben. Wählen Sie nicht zu viele Farben in einer Zeichnung, denn das könnte verwirrend wirken. Die wunderschön illuminierten Manuskripte des Mittelalters wurden mit einer sehr begrenzten Farbpalette angefertigt. Um meiner Zeichnung Gleichgewicht und Rythmus zu verleihen, wiederhole ich die verwendeten Farben stets. Außerdem achte ich darauf, daß die Farbe des Initials zu denen der Ausschmückung paßt. Wichtig ist, daß Sie den Zweck nicht aus dem Auge verlieren, dem Ihre illuminierte Zeichnung gelten soll. Ein Regenbogeneffekt kann auf einer formlosen Geburtstagseinladung oder auf einer Glückwunschkarte entzückend wirken, wäre für ein offizielles Dokument oder die Eintragung in ein Gedenkbuch jedoch ungeeignet. Für offizielle Urkunden wähle ich für den Initial stets Blau, Schwarz oder Rot.

Es sei daran erinnert, daß die Wahl der Farbe weitgehend eine Frage des persönlichen Geschmacks ist. Was dem einen gefällt, muß dem anderen nicht zwangsläufig ebenfalls zusagen. Erst mit zunehmender Praxis werden Sie Ihre eigenen Präferenzen erkennen.

Die Auswahl der Farben

Besorgen Sie sich so viele Farbkarten wie möglich. Sie sind in guten Künstlerbedarfsgeschäften erhältlich. Studieren Sie sie aufmerksam, bevor Sie eine Entscheidung treffen. Sind Sie Anfänger, reicht ein Grundsortiment völlig aus. Eine geeignete Farbenpalette besteht aus einigen Blau-, Rot- und Gelbtönen, sowie ein paar zusätzlichen Farben. Für meine Miniaturenmalerei und die Buchillustration verwende ich folgende Aquarellfarben: Lichter Ocker, Kadmiumgelb, Zinnober, Alizarinviolett, Ultramarinblau, Grüne Erde (oder Alizaringrün), Lampenschwarz und Permanent chinesisch Weiß. Gold gilt traditionell nicht als Farbe und wird daher separat behandelt (siehe Kapitel über das Vergolden, Seite 14 und 15).

Farbmischungen

Eine breite Skala von Farben läßt sich aus den Grundfarben Purpur, Blau und Gelb sowie Schwarz und Weiß mischen. Nachdem Sie Ihr Basissortiment zusammengestellt haben, sollten Sie mit den Grundfarben experimentieren und sich dabei an die hier abgebildete Farbenkarte als Anleitung halten. Die Mischung aus Purpur und Gelb ergibt Rotorange, Purpur und Blau ergeben Violett, und Gelb und Blau ergeben Grün. Rotorange, Grün und Violett bezeichnet man als Zweit- oder Sekundärfarben. Die Tertiärfarben entstehen aus der Mischung von einer Primärfarbe mit einer Sekundärfarbe. So ergeben Blau und Grün in der Mischung Blaugrün. Fügt man Weiß zu diesen Farben, erhält man helle Töne; die Zugabe von Schwarz ergibt die Schattenfarben.

Mischen Sie bei der Arbeit an einer Zeichnung immer mehr Farbe, als Sie vermutlich benötigen. Geht eine Mischung zu Ende, bevor Ihr Initial fertig ist, gelingt es Ihnen fast nie, exakt dieselbe Nuance noch einmal herzustellen.

Meine Basispalette und die hier gezeigten Farben bilden die Grundlage für alle meine Arbeiten. Vielleicht möchten Sie lieber noch weitere Farben mischen oder sich zusätzliche Farben besorgen und zu Ihrer Palette hinzufügen. Das ist allein Ihre Entscheidung.

Vergoldungstechnik

Die reich illustrierten Manuskripte des Mittelalters liefern immer noch die schönsten Beispiele für eine Vergoldung. Wie im Mittelalter ist Gold auch heute normalerweise speziellen, besonders wichtigen Arbeiten vorbehalten. Es wird für Initialen und Schmuckbordüren verwendet, gelegentlich auch für ganze Zeilen und selbst für Textblöcke. Es gibt mehrere Möglichkeiten, das Gold aufzutragen oder zumindest den Anschein von Gold in einer Zeichnung zu erwecken.

Tinte und Farben

Im Handel sind einige Goldstifte, -tinten und -farben erhältlich. Da diese leicht matt werden und nachdunkeln, eignen sie sich ausschließlich für kleinere Arbeiten, die nicht lange aufbewahrt werden. Ich verwende sie für Layoutskizzen, wenn ich die Farbverteilung plane.

Muschelgold

Muschelgold, auch Malergold genannt, wird mit destilliertem Wasser gelöst und ist haltbarer als Goldtinte oder Goldfarbe. Man kann es aus Goldpulver selbst herstellen oder gebrauchsfertig kaufen. Das Selbermachen ist jedoch heikel. Deshalb rate ich zu dem Fertigprodukt. Dieses wurde ursprünglich in kleinen Muscheln verkauft – daher der Name. Heutzutage ist es in Kunststoffnäpfen oder in Tablettform erhältlich. Muschelgold eignet sich ideal für fein detaillierte Arbeiten und für Goldpünktchen. Es kann mit einem feinen Rotmarderpinsel aufgetragen und nach dem Trocknen poliert werden. Ich trage Muschelgold immer erst im Anschluß an meine übrigen Farben auf, da es leicht verläuft. Allerdings kann man es mit etwas Gummiarabikum dickflüssiger machen.

Blattgold

Obwohl es schwieriger aufzutragen ist, arbeite ich bei meinen Zeichnungen lieber mit Blattgold. Das hübsche Endergebnis ist die zusätzliche Mühe wert. Ich rate Ihnen, die Technik zunächst auf einem Extrablatt zu üben, bevor Sie sie in einer endgültigen Zeichnung anwenden.

Soll in meiner Zeichnung nur der Initial vergoldet werden, trage ich das Gold stets als erstes auf. Will ich das Blattgold dagegen für minutiöse Details wie Punkte und feine Ränder verwenden, warte ich mit der Vergoldung bis zuletzt, da die feinen Teilchen leicht abblättern. Achten Sie sorgfältig darauf, daß Sie das Gold nach dem Auftragen nicht mehr berühren, denn dadurch könnte es matt werden. Vorsorglich sollte man ein Schutzblatt unter die Hand legen und die fertige Zeichnung abdecken.

Material: Feiner Rotmarderpinsel, wasserlöslicher Goldleim (oder Gips), Block Blattgold, kleine scharfe Schere, Pinzetten, dünnes Papier, scharfes Schnitzmesser, weicher Flachpinsel, Glättzahn.

Blattgold ist als kleiner Block aus wenigen Blättern oder als dickes Buch erhältlich. Den Glättzahn benötigt man zum Polieren. Er ist in unterschiedlicher Form und Größe erhältlich. Goldleim oder Gips ergibt eine klebrige Fläche, auf der das Gold haftet.

Abb. 1

Verarbeitung: Blattgold wird auf einer flachen, sauberen, festen Unterlage aufgetragen. Auf einer schrägen Fläche würde der Leim verlaufen und am unteren Rand Klumpen bilden.

Fertigen Sie zunächst die Zeichnung an (Abb. 1). Mischen Sie den Leim (oder den Gips) ziemlich flüssig mit Wasser, und tragen Sie ihn gleichmäßig auf das Papier oder Velin (Abb. 2). Sollten sich winzige Blasen bilden, stechen Sie diese mit einer Nadel ein. Lassen Sie die Fläche solange trocknen, bis sie beim Berühren leicht klebt und eine geeignete Unterlage für das Blattgold bildet. Wollen Sie mehrere Stellen vergolden, bestreichen Sie zunächst alle mit Leim oder Gips.

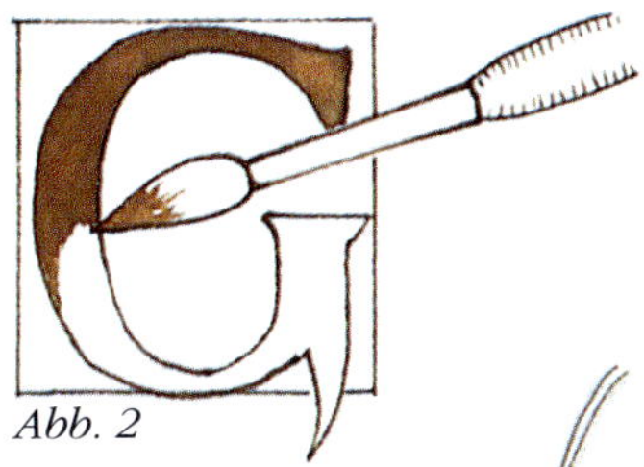

Abb. 2

Nachdem die Leim- oder Gipsfläche bereit ist, schneiden Sie mit einer scharfen sauberen Schere das Blattgold zu. Um sicher zu gehen, daß die gesamte Fläche vergoldet wird, halten Sie das Stück etwas größer als erforderlich. Schneiden Sie sowohl das Blattgold als auch das Rückenblatt, und halten Sie das zugeschnittene Stück mit zwei Pinzetten fest (Abb. 3).

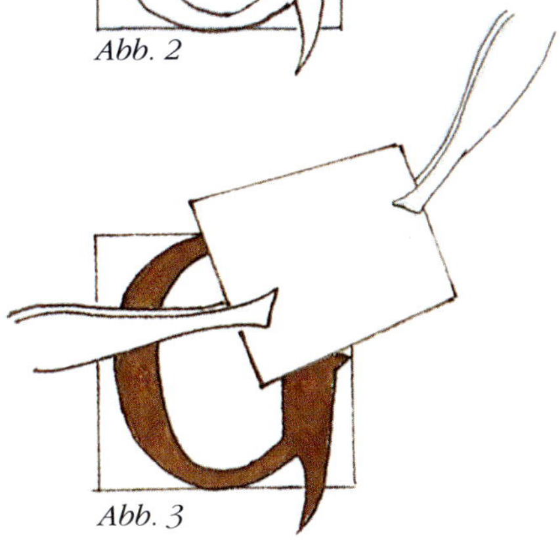

Abb. 3

Da der Leim oder Gips relativ feucht und klebrig sein muß, blasen Sie zunächst ein paarmal darüber. Drücken Sie das Blattgold anschließend vorsichtig mit der Vorderseite nach unten auf den Leim oder Gips. Lassen Sie das Rückenpapier noch an Ort und Stelle. Halten Sie das Papier gut fest. Legen Sie ein dünnes Papier auf das Rückenpapier, und drücken Sie es leicht mit den Fingerspitzen an. Übertragen Sie das Gold mit der Spitze des Glättzahns auf die Zeichnung. Reiben Sie so gleichmäßig und rasch wie möglich über die Fläche und alle Ränder (Abb. 4).

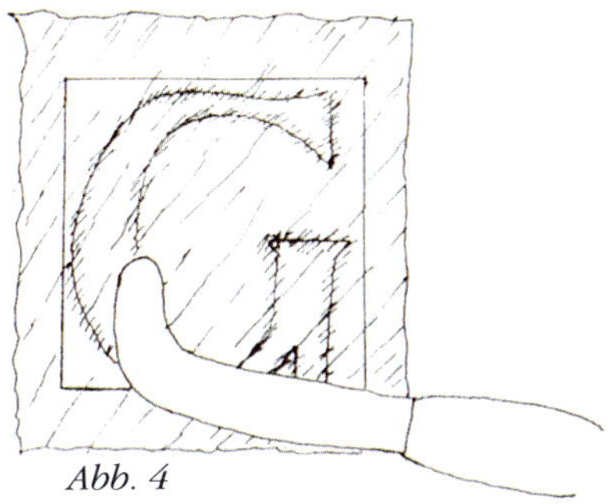

Abb. 4

Ziehen Sie das „Reibepapier" und das Rückenblatt ab, und entfernen Sie eventuelle Goldkrümel mit einem weichen sauberen Flachpinsel. Gezackte Ränder können durch sorgfältiges Auskratzen mit einem scharfen Schnitzmesser geglättet werden. Polieren sollte man das Gold erst, wenn der Leim getrocknet ist. Warten Sie also etwa fünfzehn Minuten, bevor Sie damit beginnen. Versichern Sie sich, daß der Glättzahn sauber ist, sonst könnte er die Oberfläche beschädigen. Arbeiten Sie mit leichten Kreisbewegungen, und reiben Sie über das Gold, bis es sich glatt anfühlt. Fahren Sie zum Abschluß in gerader Linie über die Fläche, so daß sie schön blank wird (Abb. 5).

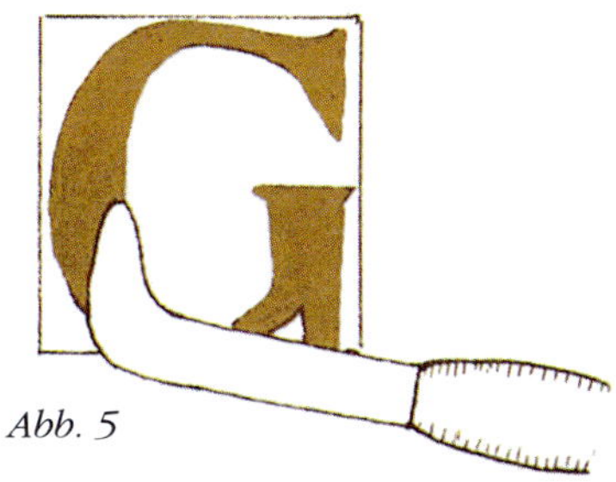

Abb. 5

Arbeitsbeginn

Das Zeichnen eines eigenen Alphabets ist nicht nur eine Herausforderung, es kann auch lustig und sehr lohnend sein. Ich habe für dieses Buch eine breite Skala von Schmuckalphabeten zusammengestellt, die sich sowohl für den Anfänger als auch für Fortgeschrittene eignen. Wenn Sie mit diesen Buchstaben üben und experimentieren, werden Sie bald genügend Selbstvertrauen bekommen, um Ihre eigenen Entwürfe anzufertigen. Ganz gleich, welches Muster Sie wählen, die Grundtechnik für das Zeichnen der Buchstaben bleibt immer gleich.

Ideen für die Zeichnung

Die Zeichnung ist ein wichtiger Bestandteil der Kalligraphie und der Illustration. Ganz gleich, ob Sie ein Zitat aus einem Text interpretieren oder nur einen Namen ausschmücken, Ihr fertiges Werk sollte harmonisch und angenehm für das Auge sein.

Bei der Wahl der Zeichnung für ein Initial müssen sowohl der Text als auch der Stil der Kalligraphie sowie die Ausschmückung des Randes berücksichtigt werden, denn sie spielen eine wesentliche Rolle für das allgemeine Gefühl von Harmonie und Ausgewogenheit. Ist ebenfalls eine Bordüre vorgesehen, sollte die Ausschmückung des Initials diese ergänzen und sie keinesfalls farblich oder stilistisch erdrücken. Die meisten illuminierten Alphabete in diesem Buch passen zu den Schmuckbordüren meines ersten Buches „Schmuck-Kalligraphie". Einige stärker ausgearbeitete Buchstaben bleiben in Verbindung mit einer geeigneten Schrift allerdings am besten allein. Ist eine Seite zu stark illustriert, wirkt die Arbeit überladen. Die freien Flächen einer Seite sind ebenso wichtig wie die Zeichnung selbst, und die Komposition von Fläche, Schrift und Ausschmückung muß einem bestimmten Rhytmus unterliegen.

Versichern Sie sich, daß das Thema Ihrer Ausschmückung zum Inhalt und zu der Schrift paßt, in der der Text geschrieben werden soll. Häufig suggeriert das Thema des Textes bereits ein geeignetes Motiv für die Illustration. Auch die Gelegenheit, für die die Arbeit vorgesehen ist, spielt eine Rolle. Offizielle Dokumente wie Zertifikate, Urkunden und Inschriften in Gedenkbüchern erfordern einen völlig anderen Illustrationsstil als vergängliche freie Arbeiten wie Geburtstagseinladungen, Lesezeichen oder Grußkarten. Für Texte in der Fraktur oder meiner Grundhandschrift wähle ich normalerweise ein Thema aus der Natur. Zarte Ranken, Blüten, Blätter oder Miniaturen von kleinen Tieren ergänzen die Zeilen und Schwünge des Textes. Für die Old English und Kirchentexte verwende ich gewöhnlich stilisierte Motive, da diese eher zum Alter und Stil der Schrift passen. Meine Grundhandschrift mit ihren runden Buchstaben erfordert eine modernere, freier fließende Gestaltung.

Ideen für die Zeichnungen kann man überall finden. Ich meine, am besten ist es, sich vor Beginn des Zeichnens einfach umzuschauen. Haben Sie einen offenen Blick für Ihre Umwelt. Sie werden sich wundern über den Reichtum an Mustern und Farben, der Sie umgibt. Notieren Sie Formen, Farben und Beschreibung in einem Skizzenbuch oder halten Sie Ihre Ideen mit einer Kamera fest. Um Ideen für Ihre Schrift zu bekommen, betrachten Sie die Plakate sowie die Buchstaben an Geschäftsfronten, an Steinmetzarbeiten und in Holzstichen. Besuchen Sie Museen und Bibliotheken, und schauen Sie sich die Arbeiten alter Schreiber und Illustratoren an. Beim Studium der historischen Manuskripte werden Ihnen Ideen für eigene Zeichnungen kommen.

Die Natur hat einen ungeheuren Reichtum an Farben, Formen und Strukturen geschaffen. Daher gilt meine Vorliebe für die Ausschmückung von Texten seit jeher den Themen aus der Natur. Da ich auf dem Land lebe, kann ich die Wildblumen und Früchte studieren und skizzieren, die an den Baumhecken und auf den Feldern wachsen. Außerdem besuche ich öffentliche Parks und Gärten und fülle mein Skizzenbuch mit Notizen und Ideen, wo immer ich bin. Einige wenige Beispiele für meine Skizzen finden Sie auf dieser Seite. Anhand einer Wildrosc zeige ich, wie man eine Zeichnung zunächst halb stilisiert und dann weiter ausarbeitet. Ich fertigte zunächst die Grundzeichnung an, stilisierte sie halb und malte sie zum Abschluß mit Aquarellfarben aus. Anschließend zeichnete ich dieselbe Rose mit einer feinen Zeichenfeder in Zinnober und arbeitete sie aus. Das große „A“ zu Beginn dieses Kapitels ist mit der ausgearbeiteten Zeichnung geschmückt. Experimentieren Sie selbst auf diese Weise. Lassen Sie sich von der Natur, der Geschichte, von Kunst, Architektur und Literatur anregen und interpretieren Sie Ihre Ideen auf jede nur mögliche Art.

Wilde Rose

1

2

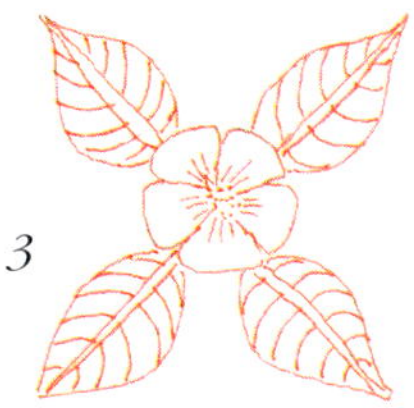

3

4

Krokus

Vergißmeinnicht

Gänseblümchen

Winde

Distel

Federnelke

Pflaume

Brombeere

Erdbeere

Pfirsich

Kirsche

Himbeere

Gestaltung der Zeichnung

Die allgemeine Gestaltung und Präsentation Ihrer Seite ist ebenso wichtig wie die Schriftwahl oder die Ausschmückung. Zahlreiche Faktoren tragen zum Gesamteindruck bei: Art und Größe der Schrift, die allgemeine Anlage des Layouts, der Raum um und zwischen dem Text, Umfang und Lage der Dekoration und die Auswahl der Farben. Versuchen Sie, alle diese Faktoren gleichzeitig zu berücksichtigen und betrachten Sie Ihre Arbeit von Anfang an als ein Ganzes.

Wählen Sie den Text und entscheiden Sie sich anschließend für die Größe und Form Ihres Layouts. Vergessen Sie dabei nicht, daß die Ränder und die leeren Flächen eine vitale Rolle spielen. Auch die Schriftwahl ist wichtig und sollte zur Aussage des Textes passen. Von der Größe und der Form der Buchstaben hängt ab, wieviel Platz für die Ausschmückung bleibt.

Es lohnt sich, in diesem Stadium eine Bleistiftskizze auf Papier anzufertigen. Stellen Sie fest, wieviel Raum der Text einnimmt, und entscheiden Sie, ob Sie einen stark ausgeschmückten, alleinstehenden Initial mit einer kleinen Bordüre benötigen oder einen schlichten Initial in Blattgold mit einem Bordürenmuster bevorzugen. Gleichgültig, wozu Sie sich entschließen, vergessen Sie niemals, daß der Buchstabe lesbar bleiben muß. Größe und Plazierung des Initials sind ebenfalls wichtig. Planen Sie Ihren Entwurf sorgfältig und experimentieren Sie so lange, bis Sie sowohl mit dem allgemeinen Layout als auch mit Ihrem Initial zufrieden sind. Die Beispiele auf dieser Seite liefern Ihnen einige Ideen für unterschiedliche Layouts. Experimentieren Sie darüber hinaus auf einem Extrablatt mit mehreren Farbpaletten, um die Farben zu testen. Nachdem Sie zu einem Entschluß gekommen sind, können Sie Ihre Zeichnung auf das endgültige Papier oder Velin übertragen.

Abb. 1

Abb. 2

Abb. 3

Übertragen des Initials

Nachdem Sie die Zeichnung fertiggestellt haben, ermitteln Sie die genauen Abmessungen für den Text und den Initial. Linieren Sie die Seite und zeichnen Sie mit dünnen Bleistiftstrichen ein Rechteck, das die Lage des Großbuchstabens angibt. Schreiben Sie den ausgewählten Text. Möchten Sie auf einem getönten Untergrund arbeiten, legen Sie in diesem Stadium eine leichte Lasur aus Aquarellfarbe an (Abb. 1). Lassen Sie die Lasur gründlich trocknen, bevor Sie mit dem nächsten Schritt beginnen.

Übertragen Sie den Initial und dessen Ausschmückung mit einem neuen Pauspapier und einem relativ harten Bleistift von Ihrer Skizze. Drehen Sie das Pauspapier herum, legen Sie es auf Skizzenpapier und ziehen Sie die Linien mit einem Stift 2B nach. Legen Sie den durchgepausten Buchstaben und die Zeichnung auf die Fläche für den Initial und ziehen Sie die Umrisse der Zeichnung mit einem harten Stift nach, so daß sich das Muster auf Ihren endgültigen Malgrund überträgt (Abb. 2). Jetzt können Sie die Zeichnung mit den Farben Ihrer Wahl ausmalen. Beginnen Sie mit dem Großbuchstaben (Abb. 3). Falls Sie für den Initial Blattgold verwenden wollen, tragen Sie es in diesem Stadium auf. Als nächstes malen Sie die Ausschmückung (Abb. 4). Bei sehr komplexen Zeichnungen legen Sie eine Farbe nach der anderen an, z. B. erst alle grünen Flächen, anschließend alle roten, dann alle blauen und so weiter. Drehen Sie das Papier während der Arbeit, um Schmutzflecken zu vermeiden. Legen Sie zusätzlich ein Schutzblatt unter die Hand. Abschließend bearbeiten Sie den Rand. Möchten Sie die Ausschmückung oder den Rand ein wenig vergolden, heben Sie diese Arbeiten bis zuletzt auf, da das Blattgold durch weiteres Hantieren beschädigt werden könnte (Abb. 5). Radieren Sie alle Bleistiftstriche aus, bevor Sie das Blattgold auftragen.

Dies sind die Grundregeln zum Entwerfen von Schmuckgroßbuchstaben. Mit ein wenig Übung und Geduld werden Sie bald in der Lage sein, eigene dekorative Alphabete zu entwerfen.

Abb. 4

Abb. 5

Schlichte Blätter

Das Muster, das ich für dieses Alphabet gewählt habe, beruht auf einigen Blättern, die ich in meinem Garten unter einer Ulme fand.

Ich entschied mich für ein Grundmaß von 2,5 x 3 cm für den Initial und fügte die Ranken und die Blätter hinzu. Nachdem ich mit meiner Zeichnung zufrieden war, umriß ich das Rechteck für den Großbuchstaben dünn mit Bleistift und übertrug meinen endgültigen Entwurf auf das Papier. Für den Buchstaben verwendete ich schwarze Designergouache. Nachdem die Farbe gründlich getrocknet war, malte ich die Blätter mit Orange und Olivgrün. Zunächst malte ich das Orange und ließ einen leichten Farbrand stehen, um ihn mit dem Grün zu verschmelzen. Auf diese Weise wirken die Blätter natürlicher, als nähme das Laub gerade die Herbstfarben an. Nachdem die Blätter getrocknet waren, zeichnete ich mit einer feinen Feder und dunklerem Grün die Adern. Schließlich radierte ich die Bleistiftstriche aus.

Auf Seite 25 finden Sie ein paar alternative Anregungen für das Ausmalen des Alphabets. Ferner sind dort einige Beispiele mit Blättern des Ahorns und der Stechpalmen statt der Ulmenblätter abgebildet. Darüber hinaus nenne ich Ihnen eine Reihe weiterer Blätter, die sich ebenfalls für die Ranken eignen. Vielleicht möchten Sie Ihre Zeichnung verlängern oder noch stärker verschönern. Einen Vorschlag dafür, wie Sie es tun können, finden Sie auf Seite 26 am Beispiel des Buchstabens E. Zunächst verlängerte ich die Ranke und fügte mehrere Blätter hinzu. Mit der feinen Zeichenfeder und Sepiatinte punktierte ich die Fläche um den Initial. Anschließend überzog ich den Rücken des E mit feinen Punkten aus Perm, chinesisch weißer Gouache. Dafür verwendete ich einen feinen Pinsel. Zum Abschluß fügte ich einen Rand aus Blattgold hinzu. Sie haben vielleicht noch andere Ideen, um diesen Buchstaben zu verschönern. Probieren Sie sie aus. Das Ergebnis könnte Sie angenehm überraschen. Das Beispiel auf Seite 27 zeigt, wie man einen Buchstaben in beide Richtungen erweitern kann um einen kurzen Text zu umranden.

Sie sehen, dieses relativ schlichte Alphabet ist sehr vielseitig und läßt sich sowohl für offizielle als auch für inoffizielle Anlässe verwenden. Die Grundhandschrift und die Kursiv eignen sich für jeden begleitenden Text.

G H I
J K L

S
T
U
V
W
X

Ahorn *Mandelbaum* *Ginkgo* *Stechpalme* *Weißbuche* *Rotbuche*

Also geht es
in der Welt:
Der eine steigt,
der andere fällt.

Deutsches Sprichwort

Abstrakt

Diese Federzeichnungen waren nicht geplant. Sie entstanden aus einer Reihe von Kritzeleien, die ich auf Schmierpapier anfertigte. Ich spiele häufig mit unterschiedlichen Farben und Ideen und füge hier und da etwas hinzu, bis ich ein hübsches Muster erreicht habe.

Ich pauste die Buchstaben und deren Ausschmückung durch und malte zunächst die Initialen mit Farbe aus. Dazu verwendete ich eine technische Zeichenfeder und Aquarellfarbe in Zinnober und Ultramarinblau. Nachdem die Buchstaben getrocknet waren, legte ich den dazugehörigen Schmuck ebenfalls in Farbe an. Hier sind zwar alle Muster mit Blau oder Rot umrissen, Sie können jedoch ebensogut mit Schwarz arbeiten. Von der Verwendung von Tinte rate ich ab, da diese zu leicht in ihre Umgebung verläuft.

Ich finde dieses Alphabet ausgesprochen vielseitig. Es eignet sich sowohl für moderne Arbeiten als auch für offizielle Anlässe. Die Initialen passen insbesondere zu den Schriften der Antiqua und der Fraktur sowie zur Grundhandschrift.

A B C
D E F
G H I

J K L
M N O
P Q R

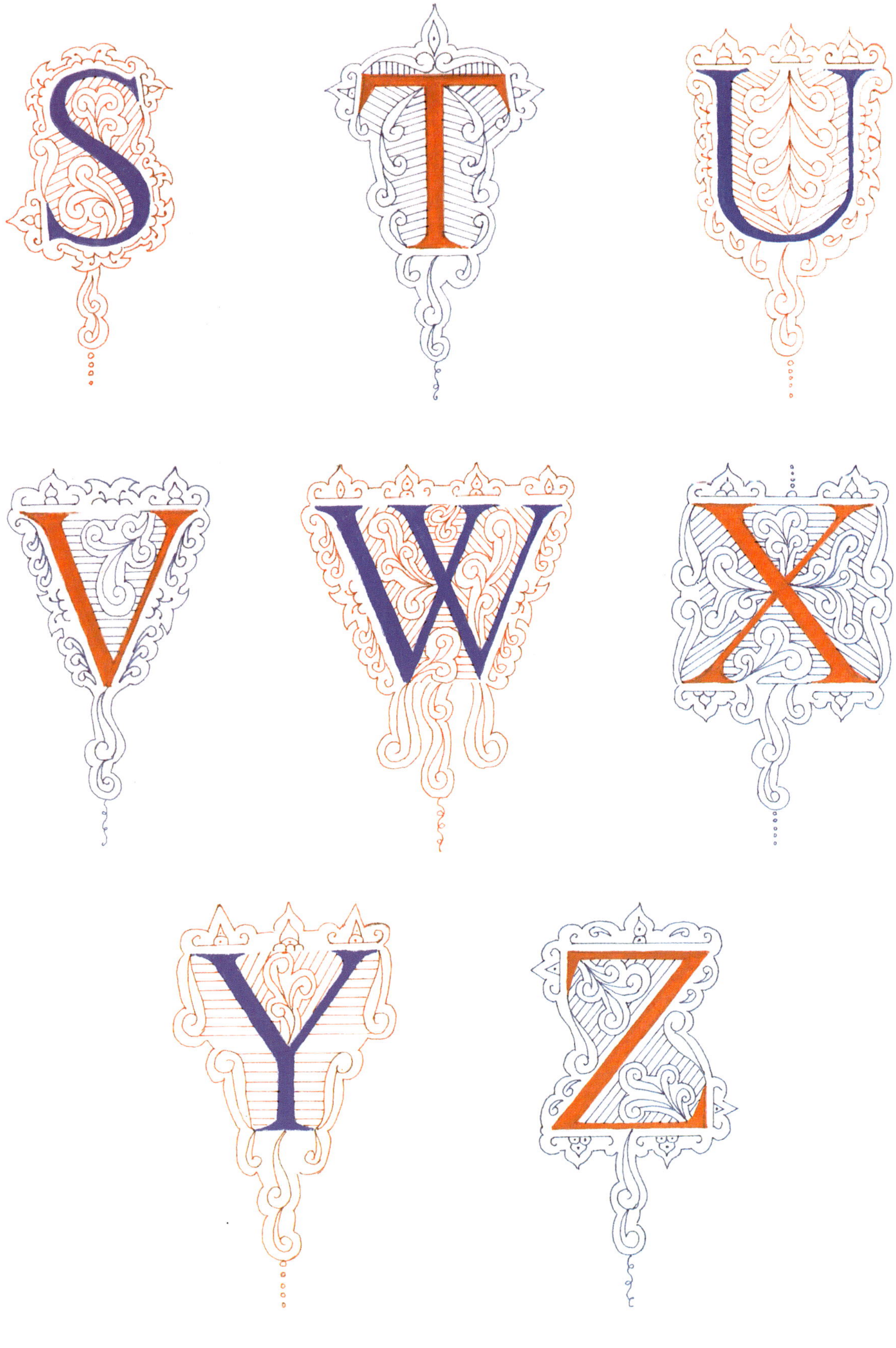
S
T
U
V
W
X
Y
Z

Bänder und Blumen

Dieses Alphabet aus Bändern und Blumen scheint einen Anklang an die viktorianische Zeit zu besitzen, obwohl ich es ursprünglich nicht als Erinnerung an jene Zeit entworfen habe. Vielmehr hatte ich die Absicht, auf sonnige Frühlingstage und heitere, freudige Anlässe zu verweisen.

Die Buchstaben sind nicht schwer zu malen, und Sie können auch andere Farben als Rot dafür verwenden. Ich malte zunächst das Band und verwendete dafür Designergouache. Anschließend legte ich eine blasse gelbe Lasur aus Aquarellfarbe auf die Fläche für die Blüten. Wieder mit Gouache, fügte ich zwanglos die Farben für die Blüten und die Blätter hinzu und achtete darauf, daß sich die Blüten fortlaufend wiederholen.

Für dieses unkomplizierte Alphabet gibt es zahlreiche Verwendungszwecke. Insbesondere eignet es sich für Geburtstage, Hochzeiten und Taufen. Einen der Buchstaben, den Initial des Vornamens meiner Enkelin, stickte ich in eine Taschentuchecke. Außerdem fertigte ich eine Geburtstagskarte mit ihrem vergrößerten Initial auf der Vorderseite an. Ich bin sicher, Ihnen werden noch weitere Verwendungsmöglichkeiten einfallen.

A B C D E
F G H I J
K L M N O
P Q R S T
U V W X Y
Z

Verſchlungene Roſenranken

Die Anregung zu diesem zarten Rosenmuster, das die Großbuchstaben umschlingt, erhielt ich während meiner Spaziergänge auf den Wegen East Anglias, wo ich derzeit lebe. Die Heckenrosen blühen im Sommer an allen Baumhecken, und die zierlichen Blüten bieten sich für beinahe jede künstlerische Interpretation ausgezeichnet an.

Das Grundmaß für die Initialen beträgt 3,0 x 2,7 cm. Zunächst legte ich die Buchstaben an, anschließend die Rosen und Blätter, die sich darum winden. Ich malte die Buchstaben in Ultramarin und fuhr, nachdem die Farbe getrocknet war, mit Olivgrün für die Blätter und Scharlachrot für die Rosen fort. Das Rot hatte ich mit etwas Weiß gemischt. Als nächstes schattete ich das Olivgrün mit einer Spur Ultramarinblau ab und fügte mit einer feinen Zeichenfeder die Blattadern und die Dornen hinzu. Zum Abschluß legte ich mit einem feinen Pinsel kleine orangefarbene Punkte in die Mitte der Rosen. Meiner Ansicht nach bildet das Ultramarinblau der Großbuchstaben eine ausgezeichnete Ergänzung zu dem zarten Rosa der Rosen. Vielleicht möchten Sie lieber eine andere Farbe dafür verwenden. Auch die Rosen lassen sich anders darstellen. Einige alternative Vorschläge finden Sie auf Seite 38.

Das Muster läßt sich mühelos abwandeln und ausweiten, um einen Vers oder einen entsprechenden Text einzurahmen. Dies habe ich auf Seite 39 getan. Probieren Sie die Abwandlungen zunächst auf einem Extrablatt aus, und übertragen Sie sie anschließend auf Ihren endgültigen Malgrund.

Dies ist ein ausgesprochen zwangloses Alphabet und eignet sich gut für die Grundhandschrift und die Kursiv. Möchten Sie es für einen offiziellen Anlaß verwenden, sollten Sie den Text dafür in Old English anfertigen.

J K L
M N O
P Q R

Ich habe Brot
gekauft und
rote Rosen bekommen.
Wie glücklich bin ich,
beides
in Händen zu halten.

Kitahara Hakushu

Stilisierte Blätter

Dieses Alphabet habe ich hier aufgenommen, um Ihnen zu zeigen, wie man sich von den Zeichnern und Kalligraphen der Vergangenheit anregen lassen kann. In diesem Fall wurden die Buchstaben von den Arbeiten des viktorianischen Künstlers Owen Jones inspiriert. Meiner Ansicht nach ist es sehr wichtig, die Werke anderer Künstler zu studieren, angefangen bei den Schreibern des Mittelalters bis zu den zeitgenössischen Kalligraphen, und soviel wie möglich aus deren unterschiedlichen Stilen und Techniken zu lernen. Vielleicht fürchten Sie, daß dies reines Kopieren wäre. Doch nur wenn Sie mit einer möglichst breiten Skala von Ideen experimentieren, werden Sie eines Tages einen eigenen Stil entwickeln.

Für dieses Alphabet spielte ich zunächst mit einer Reihe von Ideen mit Blättern und paßte Owen Jones' Muster auf so vielfache Weise an, wie es mir möglich war. Aus diesen Experimenten entwickelte sich schließlich eine Zeichnung, mit der ich zufrieden war. Ich übertrug die Großbuchstaben und das Blattmuster und malte zunächst die Initialen mit Designergouache in Rot und einer Mischung aus Zinnober und Weiß. Anschließend legte ich die Blätter an und verwendete dafür Ultramarinblau sowie eine Mischung aus Ultramarinblau und Weiß. Mit einem ganz feinen Pinsel fügte ich zum Abschluß winzige weiße Punkte hinzu.

Diese ziemlich romantischen Buchstaben würde ich für zahlreiche halboffizielle Anlässe wählen.

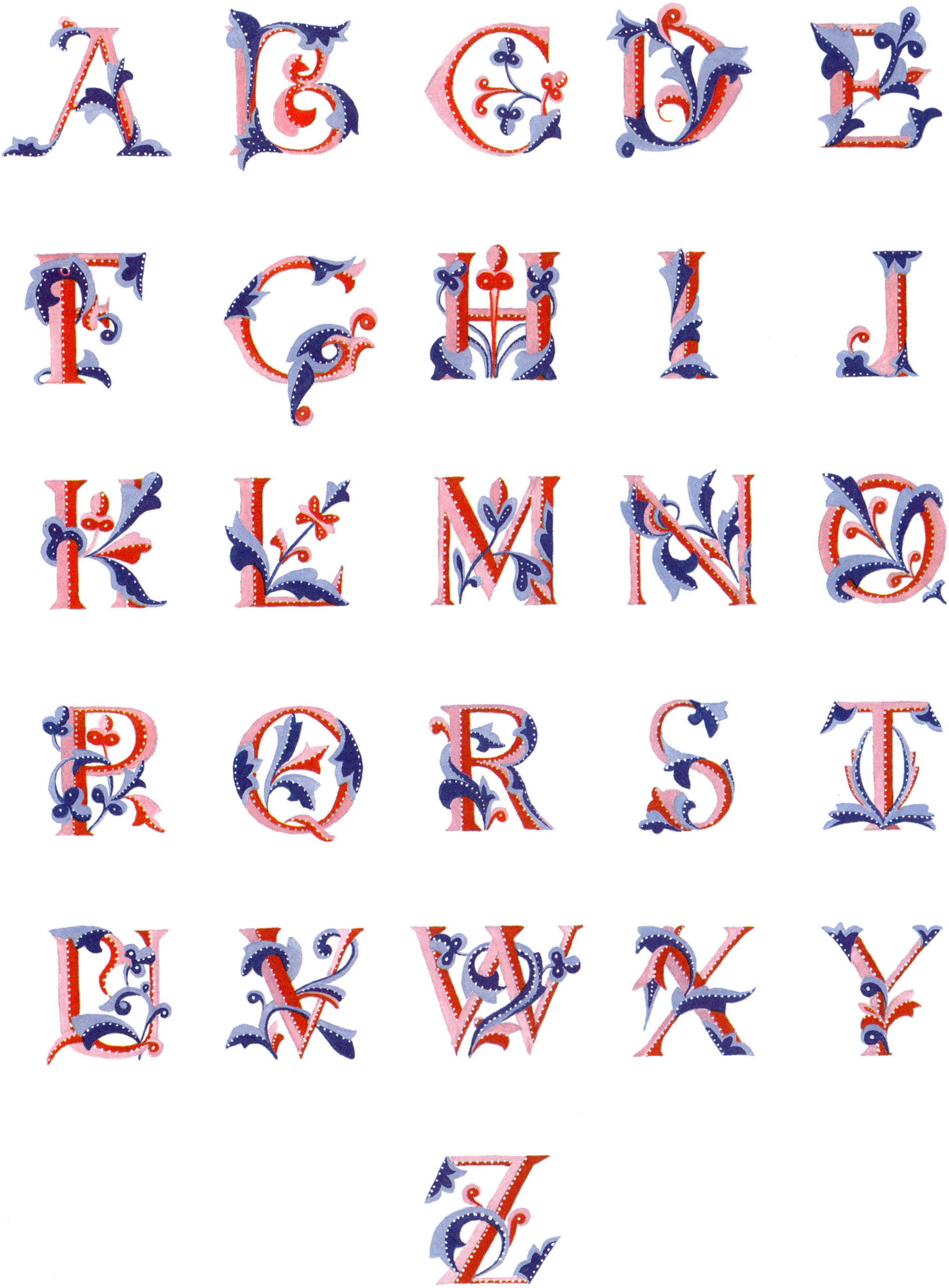
A B C D E
F G H I J
K L M N O
P Q R S T
U V W X Y
Z

Pergament

Dieses ungewöhnliche Alphabet entstand eher zufällig. Ich hatte einen Entwurf für einen dekorativen Initial skizziert und den Buchstaben, der sich auf einem Extrablatt befand, herausgerissen. Ich legte ihn auf das Papier, das ich für meine endgültige Zeichnung vorgesehen hatte, und stellte fest, daß der gerissene Rand einen feinen Schatten auf das Papier warf. Da kam mir der Gedanke, die Großbuchstaben und das Blumenmuster mit einer absichtlich unregelmäßigen Linie zu umgeben, als handelte es sich um den rauhen Rand eines Stückes Pergament.

Zunächst zeichnete ich mit feinen Bleistiftstrichen die unregelmäßigen Ränder des Pergaments und überzog die eingeschlossene Fläche mit einer leichten Lasur in Creme. Nachdem die Farbe getrocknet war, übertrug ich den Großbuchstaben und das dazugehörige Blumenmuster. Anschließend malte ich den Buchstaben in Ultramarinblau und fuhr mit den Blumen und den Blättern fort. Mit einer feinen Zeichenfeder und einer dunkleren Farbe schattierte ich die Blätterranken. Als nächstes legte ich mit einem blassen Purpur feine Schatten hinter das Pergament, umriß die Fläche mit ein wenig Sepia und schattierte die eingerollten Enden. Nachdem die gesamte Farbe gründlich getrocknet war, fügte ich mit einem feinen Pinsel weiße Punkte in die Mitte der Buchstaben.

Für dieses Alphabet habe ich die unterschiedlichsten Farben verwendet. Alle beruhen jedoch auf den natürlichen Nuancen der ausgewählten Blüten. Vielleicht möchten Sie Ihre eigene Palette benutzen. Auch die Farbe des Initials kann man verändern, obwohl meiner Ansicht nach Rot, Blau und Schwarz am besten geeignet sind. Gleichgültig, welche Farbe Sie noch wählen, versichern Sie sich, daß sich der Buchstabe genügend von den Blumen abhebt. Die einzige Möglichkeit diesen Schmuckinitial zu vergrößern, besteht darin, die Rolle auf das benötigte Maß zu verlängern und weitere Blumen hinzuzufügen. Dies habe ich bei den Beispielen von Seite 48 und 49 getan.

Ich meine, daß sich dieses spezielle Schmuckalphabet sowohl für offizielle Anlässe als auch für inoffizielle Gelegenheiten eignet. Ausgenommen die Fraktur, läßt es sich praktisch mit jeder Schriftart verbinden.

A

B

C

D

E

F

G

H

I

J

K

L

M

N

O

P

Q

R

S

T

U

V

W

X

Y

Z

1 2 3 4 5
6 7 8 9 0

Tadeln ist leicht;
deshalb versuchen sich
so viele darin.
Mit Verstand loben
ist schwer;
darum tun es so wenige.

Anselm Feuerbach

Klassisch

Studien von Blumen, die in und um meinen Garten herum wachsen, bilden die Grundlage für dieses elegante Alphabet. Die Blüten wurden vereinfacht, so daß ein halbstilisiertes Muster entstand.

Alle Großbuchstaben liegen auf einer leichten Lasur aus Aquarellfarbe. Zunächst habe ich die Vierecke ausgemessen und vor dem ersten Bleistiftstrich die gewünschte Lasur aufgetragen. Nachdem diese gründlich getrocknet war, fügte ich mit einem feinen Bleistiftstrich den Initial und das Blumenmuster hinzu. Sowohl für die Blumen als auch für den Buchstaben verwendete ich Designergouache. Zunächst malte ich die Blumen. Dadurch verhinderte ich, daß die kräftigere Farbe des Buchstabens in das umgebende Muster verlaufen konnte, so daß ich zusätzlich zarte Farben für die Blumen benötigt hätte. Zum Abschluß malte ich den Großbuchstaben.

Dieses Alphabet läßt sich so verwenden, wie es hier gezeigt wird. Die Ehrgeizigeren unter Ihnen können die Buchstaben jedoch weiter verschönern, indem sie das Muster jeweils nach oben oder unten verlängern oder eine Farb- bzw. Goldbordüre herumlegen. Möchten Sie einen Goldrand hinzufügen, heben Sie diese Arbeit bitte bis zum Schluß auf, und halten Sie sich an die Hinweise für das Vergolden auf den Seiten 14 und 15. Außerdem können Sie den gesamten Hintergrund mit feinen Punkten überziehen und dafür eine technische Zeichenfeder oder einen Kugelschreiber verwenden. Auch diese Arbeit sollte man erst vornehmen, nachdem die Zeichnung fertig ist, aber bevor das Blattgold aufgetragen wird. Eine weitere Alternative besteht darin, die Farben des Musters umzuwechseln, wie ich es bei dem Beispiel auf Seite 55 getan habe. Ich malte den Hintergrund in Ultramarinblau und den Großbuchstaben in Creme, behielt jedoch die Originalfarben des Blumenmusters bei. Zum Abschluß fügte ich den Goldrand hinzu. Dieses Beispiel gibt Ihnen eine gute Vorstellung davon, wie die Buchstaben auf farbigem Papier wirken, das man zum Beispiel für Grußkarten und Lesezeichen verwendet.

Die Buchstaben dieses Alphabets eignen sich für alle Gelegenheiten. Persönlich würde ich sie allerdings offiziellen Anlässen vorbehalten.

A

B

C

D

E

F

G

H

I

J

K

L

M

N

O

P

Q

R

S

T

U

V

W

X

Harlekin

Dieses letzte Alphabet habe ich wegen der Vielfalt an Farben, Mustern und Techniken, die ich dafür verwendete, Harlekin genannt. Manche Initialen haben einen fernöstlichen Einschlag, während andere eindeutig modern sind. Mehrere Großbuchstaben habe ich erweitert, manche von ihnen enthalten sogar Miniaturen von Szenen und Landschaften. Diese Vorschläge wenden sich an die Ehrgeizigsten unter Ihnen, für die das Malen ausgesprochen komplizierter Details eine Herausforderung bedeutet. Etliche Buchstaben können jedoch abgeändert werden oder die Grundlage für einfachere Muster bilden. Alle Buchstaben wurden mit Aquarellfarbe und Gouache gemalt. Das Verfahren entspricht dem für die anderen Alphabete dieses Buches.

Je mehr Erfahrung Sie erwerben, desto umfangreichere Muster werden Ihnen gelingen. Auf Seite 64 gebe ich Ihnen ein Beispiel für eine durchgehend illustrierte Seite. Bei dieser Ausschmückung, die sich auf die Arbeiten des Mittelalters stützt, sind Text und Schmuckinitial von einer komplexen Bordüre umgeben. Die Bordüre selbst besteht aus einer Mischung von Ideen für Muster, die ich in diesem Buch behandelt habe und umfaßt Blumen, Früchte, Schmetterlinge und Insekten, die allesamt halb stilisiert wurden, um einen Eindruck von Vergangenem zu vermitteln.

Zunächst maß ich die Seite aus und stellte fest, wieviel Raum der Text beanspruchte. Nachdem ich mich für eine dezentralisierte Version entschieden hatte, fertigte ich ein grobes Layout für die gesamte Seite an. Dann umriß ich auf dem endgültigen Papier das Viereck für den Text und den Initial und übertrug den Großbuchstaben. Nachdem der Text kalligraphiert war, malte ich den Initial. Anschließend zeichnete ich das Randmuster. Dann begann ich mit der Bordüre. Vorsichtshalber mischte ich mehr Farbe als ich benötigte und legte eine Nuance nach der anderen an. Während des Malens drehte ich das Blatt im Kreis, damit es nicht verschmutzte, und schob zusätzlich ein Schutzblatt unter die Hand. Für die Umrisse verwendete ich eine feine Zeichenfeder. Schließlich trug ich den schmalen Goldrand zwischen dem Text und der gemalten Bordüre auf.

Die meisten Alphabete, die ich für diesen Band entworfen habe, passen zu den Schmuckbordüren meines weiteren Buches „Schmuckkalligraphie“. Ich hoffe, beide Werke werden Sie dazu anregen, eigene wunderschön illuminierte Texte zu schaffen.

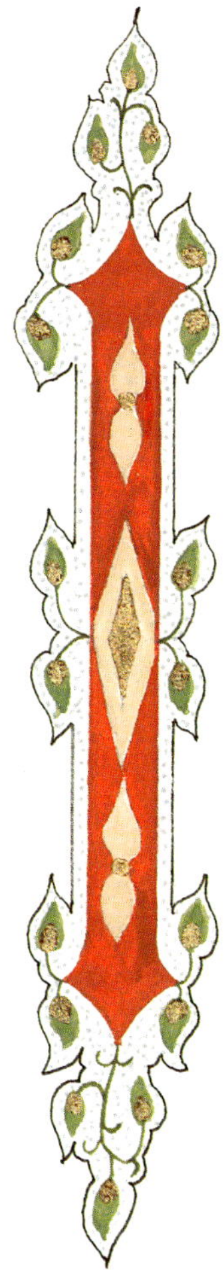

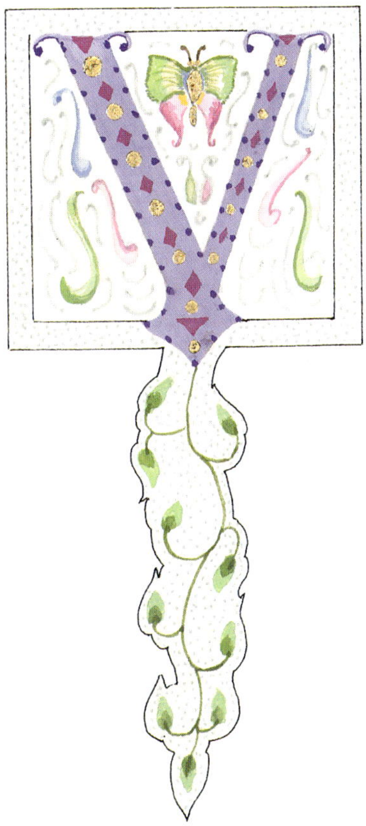

Anfangs wollt'
ich fast verzagen.
Und ich glaubt',
ich trüg' es nie.
Und ich hab' es
doch getragen.
Aber fragt mich
nur nicht: wie?

Heinrich Heine

Ein jeder
Augenblick
des Jahres hat
seine eigene Schönheit;
ein Bild, das vorher
nicht war
und das nie wieder
sein wird.

Emerson